GARAT

ET

GINGUENÉ,

Membres de la Commission de l'Instruction publique,

INTRIGANS ET DILAPIDATEURS.

OU

LETTRE de J. L. CHALMEL, *ex-secrétaire - général de la Commission de l'Instruction publique,*

A GARAT ET GINGUENÉ.

Vous n'ignoriez pas, Citoyens, qu'après la retraite de mon estimable ami Clement-de-Ris (1), de la Commission d'Instruction publique, mon projet annoncé d'avance à

---

(1) Donnée à la Convention à la séance du 22 de ce mois, et que le comité n'a pas encore acceptée.

mes camarades (1), étoit de laisser-là une place qu'il me seroit· trop désagréable d'occuper avec des chefs tels que vous. Je n'attendois, pour vous envoyer ma démission, que le moment où celle de Clément seroit acceptée. Il a vivement désiré de quitter ce poste dès qu'il vous a bien connus tous deux, & par des motifs qui font honneur à sa délicatesse, il persiste dans cette résolution malgré les instances pressantes de plusieurs respectables membres de la Convention & du comité d'instruction publique qui, comme nous, sont persuadés de cette vérité, que c'est un malheur pour la chose publique de voir les places importantes abandonnées par les hommes probes, patriotes, désintéressés & assidus, pour les laisser aux mains d'intrigans qui ne les regardent que comme une mine à exploiter pour satisfaire leur cupidité & placer leurs parens, leurs amis,

---

(1) Depuis plus de quinze jours, j'avois annoncé hautement la ferme résolution de me retirer. Ces messieurs m'ont gagné de vitesse de quatre jours.

leurs protégés aux dépens du trésor public , qui ne s'occupent que de travaux
étrangers à leurs devoirs , & négligent
leurs fonctions de la manière la moins
excusable. (1)

Je n'examinerai point si vous avez le
droit de chasser un honnête patriote avec
la même insolence que les ci-devant chas-
soient leurs laquais ; je joins seulement ici
l'échantillon de votre impertinent style (2) :

(1.) Garat est commissaire , professeur au
Lycée, à l'École Normale ; il fait un journal
philosophique et politique. Ginguené fait la
feuille villageoise , il travaille à la décade ré-
publicaine , en un mot ces grands hommes
font tout, excepté ce qu'ils devroient faire.

(2)   *26 Pluviôse, an III.*

C i t o y e n ,

Vous êtes prévenu que votre service auprès
de la commission de l'instruction publique
cesse dès ce moment. Vous voudrez bien dis-
poser les choses ce matin de manière à n'être
plus obligé de vous donner la peine de revenir
au secrétariat.

Signé G a r a t , G i n g u e n é.

Ce qui me flatte en ceci, c'est que j'ai l'honneur de la première signature que M^r. Garat
ait donnée depuis plus de deux mois.

j'engage les Républicains qui ont l'égalité & la fraternité dans le cœur à l'apprécier (1).
J'accepte le congé *que j'allois vous donner*, & me sépare de vous, *Dieu merci*.

Je n'irai point faire perdre un tems précieux aux membres du comité, vos juges & les miens, ni à la Convention nationale; mais je vous cite au grand & suprême tribunal de l'opinion publique. Encore une fois j'accepte mon congé. Cependant un serviteur chassé à le droit incontestable de demander un certificat de bonne ou mauvaise conduite. J'ai l'honneur de vous prévenir que je tiens à cela, & que vous ne vous délivrerez de mes humbles prières que quand j'aurai obtenu cette grace de votre bonté. Je vous demande pardon d'avance, car je serai pressant, mais *très-pressant*. Je sais

____

(1) Avis à mes camarades. Si je n'avois bec et ongles, si j'avois besoin de mon emploi pour exister, je me trouverois victime de ces impudens tiranneaux. Mon premier dessein étoit de résister : il auroit été curieux de voir comment ils s'y seroient pris pour me congédier : mais j'ai mieux aimé suivre mes projets de retraite et abandonner ces misérables à toute leur tur-

mieux que personne combien vos occupa-
tions sont importantes ; avec quelle assiduité
vous vous y tenez ; aussi je veux abréger
votre travail en vous adressant un certificat
tout préparé (1) , que vous me renverrez
revêtu de vos deux signatures. Si je l'ob-
tiens, à quoi ne parviendrai-je pas avec le
nom de deux hommes aussi universellement
estimés en Europe par leurs savans ouvrages, & en France par la fermeté de
leur patriotisme & par leur marche constante & droite dans la révolution (2). Dans

---

(1)   *Modèle du certificat.*

« Nous commissaire et adjoint de la com-
» mission *etc.* Certifions que le citoyen J. L.
» Chalmel s'est comporté en homme d'honneur
» et de probité, ami de ses devoirs et de la
» chose publique pendant la durée de ses fonc-
» tions en qualité de secrétaire général de
» cette commission ».

J'augure trop bien de la sagacité de mes
lecteurs pour qu'il soit besoin de leur dire que
cette demande n'est qu'un persiflage ; car si
j'obtenois un certificat de MM. Garat et Ginguené, je me garderois bien de le montrer.

(2) Tout le monde connoît l'odieuse ver-
satilité de ce Garat. On sait sur-tout qu'il se
disoit l'ami des Vergniaud, des Ducos, des

l'hypothèse d'un refus, & malheureusement c'est la chance sur laquelle je dois compter, j'en exige les motifs. Vous pourrez dire de ma moralité, de mes talens, de mon patriotisme, tout ce qu'il vous plaira; le respect m'interdira le silence (1); mais parce que vous ne m'aurez pas rendu justice, ce n'est pas une raison pour que je vous la refuse· En vous supposant donc, vous, à ma place, moi à la vôtre, & qu'il me fallut vous considérer sous ces différens aspects de patriotes, de fonctionnaires publics, d'hommes probes, délicats & désintéressés, voici d'abord les doutes que je me proposerois:

Est-ce être patriote que d'organiser une

Condorcet et autres, et qu'il les a assassinés. Il n'est rien qu'il ne tente aujourd'hui pour donner le change; il gémit sur leur sort, mais personne ne sera dupe de sa perfidie. Il n'y a que Garat et Sanson qui soient capables de s'attendrir ainsi sur ceux qu'ils ont conduits à l'échafaud, avec cette différence pourtant que l'un a fait par devoir, ce que l'autre a fait par lâcheté.

(1) Ce respect ne doit pas surprendre quand on parle à un ex-ministre et à un ci-devant-gentilhomme Breton.

commission de manière à voler de bon compte 160,000 livres par an à la République (1)? Eh bien, je vous démontrerai que, malgré les réclamations de votre collègue Clément, vous avez placé quarante commis absolument inutiles & sans lesquels la besogne se feroit beaucoup mieux : qu'une section toute entière ignore encore quel genre de travail lui sera destiné (2) : que vous gratifiez d'une pension périodique tel employé qu'on n'a vu paroître que pour émarger l'état d'appointemens (3) ; que

____

(1) Les dépenses de cette commission en appointemens seulement, s'élèvent à 705699 l., quand avec l'amour de l'ordre et de l'économie, on feroit le service avec la motié moins.

Je dois citer ici un fait. Le comité de salut public fit demander, il y a quelque tems, l'état général des employés. J'en fis le tableau et y insérai une colonne des appointemens, persuadé que leur énormité frapperoit le comité; mais contre l'avis de Clément, Garat et Ginguené qui craignoient, ce que je desirois, firent supprimer la colonne. On recommença le tableau, qui fut envoyé au comité sans autre renseignement que les noms et prénoms.

(2) La dépense de cette section monte aujourd'hui à environ 87,000 livres.

(3) Je rencontrai un jour dans la rue Tournon

Garat pour placer un certain neveu, a, contre notre gré à tous, inventé trois secrétariats de sections, chose selon lui très-importante, & que cependant ce secrétariat n'est qu'imaginaire; qu'il n'existe pas à la commission une ligne d'écriture de ce neveu (1), & qu'on ne l'y verroit même pas, n'étoit qu'il y est logé, éclairé, chauffé, comme plusieurs autres, le tout aux frais de la bonne République (2).

Je voudrois bien vous trouver meilleurs fonctionnaires publics que vous n'êtes ré-

---

un citoyen qui demandoit *où étoit la commission d'instruction publique*. C'étoit un employé qui venoit toucher ses deux premiers mois, sur le pied de 4200 livres par an. Je crois qu'il est revenu le quatrième mois.

(1) Ne seroit-il pas du devoir du comité d'instruction publique, de charger l'un de ses membres d'aller vérifier s'il existe un registre de la première section, tenu par le neveu de Garat *et un adjoint*. Le népotisme est un abus ultramontain qu'il ne faut pas laisser s'introduire en France.

(2) Peut-être les comités feroient-ils encore leur devoir en se faisant informer, d'une manière positive, des personnes que les commissions logent, éclairent, chauffent, aux dépens de qui il appartiendra.

publicains, mais par malheur j'étois là &
j'observois. J'ai donc vu que Garat depuis
cinq mois n'a pas donné vingt-quatre heures
de son tems à la commission : que Ginguené
à la vérité fait l'effort d'y paroître depuis
midi, une heure, jusqu'à trois ou quatre ;
que les premiers commis ne peuvent qu'avec
beaucoup de peine faire entendre leurs
rapports (1) ; enfin que sans la constante
assiduité de Clément, les chefs de la comp-
tabilité eussent vainement épuisé leurs
efforts pour tenir à jour cette partie inté-
ressante de l'administration. Il est vrai
qu'il n'est point occupé de travaux sublimes,
qu'il ne fait point de journaux, qu'il ne fait
pas déraisonner Locke & Bacon, & que

____

(1) Je saisis avec plaisir l'occasion de
rendre justice aux employés de cette commission. Il seroit difficile de réunir plus de talens,
d'aménité, de probité. Ce n'est pas leur faute
si l'on a créé des places pour des travaux à
venir. Je les ai vus les premiers à gémir de
leur inaction. Les bureaux n'étoient desho-
norés que par un scélérat nommé Rousselin,
ami de Garat, dénoncé il y a quelques jours
à la Convention par les citoyens du départe-
ment de l'Aube, et dont le comité de sûreté
générale avoit déjà fait justice.

son nom n'ira point à la postérité avec ceux de Garat & de Ginguené. Mais il a cru qu'étant payé par la République pour administrer, il eut volé son argent en ne se donnant pas tout entier à ses fonctions. Voilà comme nous sommes nous autres cerveaux étroits.

J'en suis au chapitre qui mérite le plus votre attention. Pourriez-vous me dire s'il y a de la probité à revêtir un domestique du nom de garçon de bureau ; à lui faire compter à ce titre la modique somme de 1500 livres. Alors je demanderai à Ginguené si le nommé *Juguet* n'étoit pas, n'est pas encore exclusivement son domestique : s'il ne reçoit pas 1500 livres de la République, & à quel autre service que celui de Ginguené il a jamais été employé. Je demanderai à Garat si lorsque les citoyens de Paris gémissoient sous la rigueur d'un hyver désastreux, il y avoit de la probité à alimenter chez lui huit feux pour lui, ses amis & une espèce de catin que la République héberge, ce qui n'est pas peut-être très-criminel, mais ce qui n'est pas non plus très-édifiant pour l'instruction publique.

Puisque je suis en train d'interroger, je demanderai à Ginguené ce que c'est que le désintéressement. Il me répondra peut-être que c'est d'avoir adroitement profité de sa place & des circonstances pour faire prendre à la République au *prix coûtant* de 15 livres (1), deux mille abonnemens de la feuille villageoise presque morte de bêtise entre ses mains, & ressuscitée par ce moyen innocent auquel n'auroit certes pas songé son créateur Cerutti. J'avouerai que ces 30,000 livres ne payent pas assez le beau rapport qu'il a fait à Lakanal pour l'apothéose de J. J. Rousseau (2); mais

---

(1) Si mon zèle pour l'instruction des campagnes, m'eût porté à faire prendre au gouvernement deux mille exemplaires d'un journal que les campagnes ne lisent point, il me semble que j'aurois fait à la République la remise qu'on fait dans ce cas aux libraires, à moins qu'on n'ait cru que la Republique étoit au-dessus de ces vetilles là. Cela ne ressemble-t-il pas un peu au patriotisme du père Duchêne, et au vol de 43,184 livres mis au grand jour par notre bon et joyeux Camille-Desmoulins, dans son cinquième numéro du vieux Corde-lier.

(2) La petite vanité d'auteur ne tient pas

j'avouerai aussi que la République ne pour-
soit suffire à récompenser tant de chef-
d'œuvres , & si Lakanal au lieu de faire de
l'esprit aime mieux l'acheter tout fait, il
pourroit fort bien le payer de ses deniers
ou de sa protection.

Je demanderai encore à Ginguené ce
qu'il entend par délicatesse. Dans une occasion toute récente, voici ce que j'aurois fait
pour me conduire délicatement. Après
avoir envoyé chercher *au nom de la commission* , deux porte-feuilles trouvés chez
Chamfort, & restés en dépôt chez le Juge-
de-paix de la Section Lepelletier, j'aurois
brisé les cachets en présence du citoyen qui
les avoit apportes, en présence du secrétaire
général chargé de l'ouverture de tout ce
qui concerne la commission, & j'aurois fait
faire un état authentique des manuscrits
que ces porte-feuilles pouvoient contenir.
Qu'a fait Ginguené ? il les a emportés chez
lui ; les a ouverts seul , & a dit qu'ils ne

à ces aveux-là ; aussi Ginguené l'a-t-il dit en
confidence...... à tout le monde.

contenoient rien. Je conviens que si c'est-là de la délicatesse, *surtout dans un homme du métier* (1), nous avons tous les deux une manière de voir bien différente.

Quant à vous, Garat, je ne vous ferai aucune question sur cet article. C'est une langue que vous n'entendez pas. Après nous avoir bassement calomniés, (2) Clé-

---

(1) Est-ce pour une spéculation d'imprimerie, car Ginguené est aussi imprimeur ? est-ce pour s'approprier l'esprit de Chamfort ? c'est à Ginguené à nous l'apprendre. Nous voyons, au surplus, beaucoup de gens faire très-bonne figure dans le monde avec le bien d'autrui et l'esprit des autres.

Il pourroit bien y avoir sous jeu une édition complette des œuvres de Chamfort, seul moyen de nuire à un littérateur estimable, *Selis*, qui s'occupe du même objet, et qui est dans le besoin.

(2) Une lettre est écrite à Garat, de Bâle, par un Anglais. Cette lettre tombe entre les mains du comité de salut public ou de sûreté générale. Comme Garat trouve aisément en lui la possibilité d'une bassesse, c'est moi qui dois avoir intercepté cette lettre de concert avec Clément. Il bâtit la-dessus un édifice de calomnies bien bêtes, bien absurdes, qu'il assaisonne des perfidies qui lui sont familières, e q and il faut en venir aux preuves, notre homme s'en tire par une lâcheté, en attendant mieux. Et ces gens

ment, sa famille et moi, auprès du comité d'instruction publique; après avoir été sommé de consigner votre dénonciation par écrit; après le lâche silence que vous avez gardé depuis ce tems, quoique le comité eût nommé deux de ses membres, Chénier et Massieu, (1) pour faire un

---

là trouvent encore des appuis et des prôneurs.

(1) En parlant de prôneurs et d'appuis, voici un fait qui n'est pas indifférent. Lorsqu'il s'agissoit d'examiner au comité quel étoit le calomnié ou le calomniateur, Massieu, le précepteur des Lameth, simplifia la question en proposant d'accepter la demission que Clément n'offroit point, à moins qu'on ne lui rendît une justice bien authentique, qui est encore à venir. J'en demande bien pardon aux comités, mais quand, d'après cela, les gens de bien s'éloignent des places, ce n'est pas la faute des gens de bien.

Le même Massieu vouloit il y a peu de tems faire porter sur la liste des hommes de lettre à récompenser, un citoyen Brun (qu'il ne faut pas confondre avec le poëte Lebrun) on observa que ce nom étoit tout-à-fait ignoré dans le monde littéraire. Mais non, repliqua Massieu, le citoyen Brun est connu par une excellente refutation des ouvrages de sieyes.

Si effectivement le citoyen Brun a refuté *l'essai sur les privilèges, qu'est-ce que le*

rapport, je vous abandonne au mépris public qui vous couvre de la tête aux pieds. Je vous laisse tous les deux intriguer, dilapider à votre aise ; et si l'on me demande encore pourquoi les hommes probes quittent les places, je répondrai, c'est que Garat et Ginguené s'y maintiennent.

Je somme, au surplus, le comité d'instruction publique, que j'ai appris à estimer par ceux de ses membres que j'ai eu occasion de connoître, je le somme, dis-je, d'examiner attentivement les faits que contient cette lettre, et que je n'imprime qu'afin qu'aucune condescendance ne le porte à transiger avec des abus contre lesquels, Clément et moi, nous nous sommes élevés depuis long-tems ; ce qui nous a valu, Messieurs, l'honneur de votre haîne.

Ce petit épanchement fraternel vous portera, sans doute, à user de représailles à mon égard ; et comme j'ai toute aussi

---

tiers, *les droits de l'homme*, nul doute qu'il ne doive participer aux recompenses nationales.

bonne envie de me corriger que de *corriger*, vous m'obligerez sincèrement de m'avertir, par la voie de l'impression, des taches que vous aurez pu appercevoir dans ma probité, ma délicatesse, mon désintéressement et mon patriotisme.

J. L. CHALMEL.

De l'Imprimerie de la Veuve d'Ant. Jos. GORSAS, rue Neuve des Petits-Champs, au coin de celle de la Loi, N°. 741.